"나의 힘이신 여호와여
내가 주를 사랑하나이다"

시편 18편 1절

Q&A A DAY FOR CHRISTIAN : GOD'S 5-YEAR PLANS FOR ME
by Nam Joon Kim

Copyright © 2016 by Nam Joon Kim.
All rights reserved.

This Korean Edition was conceived and published by Midnight Bookstore in 2016
by arrangement with Clarkson Potter, an imprint of the Crown Publishing Group,
a division of Penguin Random House LLC through
KCC(Korea Copyright Center Inc.), Seoul.

이 책은 ㈜한국저작권센터(KCC)를 통한 저작권자와의 독점계약으로
㈜심야책방에서 출간되었습니다. 저작권법에 의해 한국 내에서 보호를 받는
저작물이므로 무단전재와 복제를 금합니다.

시작하며

인간이 가지고 있는 특별함 중 하나는 '의미를 찾는 능력'입니다. 다른 사람이 내세우는 의미를 따라 사는 것은 자기 인생을 사는 것이 아닙니다. 삶의 참된 의미를 찾기 위해서는 반성과 숙고가 필요합니다. 삶의 기준이 되는 진리에 대한 진지한 숙고가 필요하고, 자신의 실제적인 삶을 샅샅이 살피는 진실한 반성이 요구됩니다.

5년 동안 써 내려가는 영성 일기 형식의 이 책은 그리스도인으로 하여금 하나님과 함께하는 삶의 진정한 의미를 생각해볼 수 있도록 지어졌습니다. 또 그리스도인이 아니라 할지라도 기독교 신앙에 관심이 있는 분에게는 이 책의 질문이 삶을 돌아보게 돕고 진정한 기쁨 충만한 삶이 무엇인지 알려줄 것입니다.

매일매일 그날의 질문으로 이어지는 이 책은 저자가 발견한 삶의 의미나 성경의 진리를 강요하기보다는 여러분 스스로 반성과 숙고 속에서 인생의 참된 의미를 발견하도록 돕고 있습니다.

 365개의 질문들은 성경의 모범 답안이나 남에게 보이기 위한 답이 아닌, 자신의 마음속 깊은 곳에서 꺼내 올린 답을 요구합니다. 그 과정에서 조금씩 여러분의 진짜 모습과 고민, 그리고 소망을 마주하게 되실 것입니다.

 이 책에 담겨 있는 질문들은 평범한 일상을 다룬 것처럼 보이지만 성경은 물론 하나님, 인간, 그리스도, 구원, 교회, 종말에 이르는 기독교의 모든 주제들을 망라해 거론하고 있습니다. 하루에 하나씩, 주어진 질문에 답을 기록하다 보면 성경과 교리를 묵상하고 자신에게 적용하는 데 매우 유익한 도움이 될 것입니다. 그리고 자신의 인생이 전 우주적인 하나님의 계획 속에 있다는 사실을 깨닫게 될 것입니다.

우리는 누구나 세파의 시류에 이리저리 부대끼며 살아갑니다. 인생 가운데 만나는 희로애락에 마음을 빼앗기거나, 부질없는 것에 몰두하느라 정신을 못 차리기도 합니다. 그러나 나의 인생을 향한 하나님의 계획이 있다는 사실을 알게 된다면, 단 하루도 의미 없는 시간은 없을 것입니다.

이 작은 책이 여러분의 삶과 존재의 가치에 눈뜨도록 이끌기를 진심으로 소망합니다.

그리스도의 노예
김남준

JANUARY

올해는 주님 안에서 _____하는
한 해가 될 것이다.

20___ .

20___ .

20___ .

20___ .

20___ .

JANUARY

무한한 우주 공간을 생각할 때
드는 느낌은 무엇인가?

20____ . _____

20____ . _____

20____ . _____

20____ . _____

20____ . _____

JANUARY

이번 해에 꼭 실천하고 싶은 두 가지 일은?

20 ___ . _____

20 ___ . _____

20 ___ . _____

20 ___ . _____

20 ___ . _____

JANUARY

최근에 받은 가장 큰 감동은?

20 ___ · _____

20 ___ · _____

20 ___ · _____

20 ___ · _____

20 ___ · _____

JANUARY

하나님이 세상을 창조하셨다'라는 말씀에
제일 먼저 드는 생각은?

20 ___ . _____

20 ___ . _____

20 ___ . _____

20 ___ . _____

20 ___ . _____

JANUARY

내가 다른 사람들에게
필요한 존재라고 느끼는 때는?

20___ .

20___ .

20___ .

20___ .

20___ .

JANUARY

하루 중 가장 행복한 시간은?

20 _____ . _____

20 _____ . _____

20 _____ . _____

20 _____ . _____

20 _____ . _____

JANUARY

오늘 불평과 감사 중
어떤 것을 더 많이 했는가?

20 ___ · _____

20 ___ · _____

20 ___ · _____

20 ___ · _____

20 ___ · _____

JANUARY

겨울이 다 가기 전,
꼭 가보고 싶은 여행지는?

20____ · _____

20____ · _____

20____ · _____

20____ · _____

20____ · _____

10

JANUARY

삶 속에서 주께 영광 돌리는 일이란
무엇이라고 생각하는가?

20___ · _____

20___ · _____

20___ · _____

20___ · _____

20___ · _____

JANUARY

지우고 싶은 과거가 있다면?

20____ · _____

20____ · _____

20____ · _____

20____ · _____

20____ · _____

JANUARY 12

화해하지 못하고 있어
마음에 짐이 되는 사람은?

20 ___ . _____

20 ___ . _____

20 ___ . _____

20 ___ . _____

20 ___ . _____

JANUARY 13

자연 속 주님의 위대한
섭리를 느낀 적이 있는가?

20___ · _____

20___ · _____

20___ · _____

20___ · _____

20___ · _____

14

JANUARY

나의 교회 안과 밖의
행동은 동일한가?

20 ___ . _____

20 ___ . _____

20 ___ . _____

20 ___ . _____

20 ___ . _____

JANUARY 15

내가 살아 있어 행복해하는 사람을
셋만 꼽는다면?

20 ___ • _____

20 ___ • _____

20 ___ • _____

20 ___ • _____

20 ___ • _____

16 JANUARY

내가 가장 소중하게 여기는 것은?
만일 그것이 사라진다면?

20 ___ . _____

20 ___ . _____

20 ___ . _____

20 ___ . _____

20 ___ . _____

JANUARY

마지막으로 눈물 흘리며 기도한 때는?
그렇게 기도한 이유는 무엇인가?

20 ___ . _____

20 ___ . _____

20 ___ . _____

20 ___ . _____

20 ___ . _____

18 JANUARY

부주의함으로 낭패를 본 경험은?

20 ___ · _____

20 ___ · _____

20 ___ · _____

20 ___ · _____

20 ___ · _____

JANUARY 19

하나님이 함께하신다고 느꼈던 때는?

20___ ·

20___ ·

20___ ·

20___ ·

20___ ·

JANUARY 20

좋은 배우자의 표본이라고 생각하는
성경 인물은? 그 이유는?

20___ · ___

20___ · ___

20___ · ___

20___ · ___

20___ · ___

JANUARY 21

신앙생활에 대해 나눌 수 있는
친구가 있는가?

20____ · _____

20____ · _____

20____ · _____

20____ · _____

20____ · _____

JANUARY

홀로 있다는 느낌이 드는 때는?

20___ · _____

20___ · _____

20___ · _____

20___ · _____

20___ · _____

JANUARY

겨울에 먹은 가장 맛있는 아침은?

20___ • _____

20___ • _____

20___ • _____

20___ • _____

20___ • _____

JANUARY

"엄마!" 하고 부를 때,
마음에 차오르는 느낌은?

20___ • _____

20___ • _____

20___ • _____

20___ • _____

20___ • _____

JANUARY

타인에게 스스로를
어떻게 소개하는가?

20 ___ . _____

20 ___ . _____

20 ___ . _____

20 ___ . _____

20 ___ . _____

JANUARY

오늘 내게 힘을 주는 말씀이나
성경의 교훈이 있다면?

20 ___ .

20 ___ .

20 ___ .

20 ___ .

20 ___ .

JANUARY

늘 결심만 할 뿐 실천하지 못하는 일은?

20 _____ · _____

20 _____ · _____

20 _____ · _____

20 _____ · _____

20 _____ · _____

JANUARY

지금까지 살아오면서 받은 도움 중
가장 고맙게 느끼는 것은?

20___ . _____

20___ . _____

20___ . _____

20___ . _____

20___ . _____

JANUARY

'십자가!' 라는 말을 들을 때
떠오르는 생각은?

20____ • _____

20____ • _____

20____ • _____

20____ • _____

20____ • _____

JANUARY

내가 활동하고 있는 모임 중
가장 소중하게 여기는 것은?

20 ___ . _____

20 ___ . _____

20 ___ . _____

20 ___ . _____

20 ___ . _____

JANUARY 31

내게 신앙에 대해
가장 많이 가르쳐 준 사람은?

20____ · _____

20____ · _____

20____ · _____

20____ · _____

20____ · _____

FEBRUARY

가족을 위해 결단한 기도 제목이 있는가?

20____ • _____

20____ • _____

20____ • _____

20____ • _____

20____ • _____

FEBRUARY

"아빠!" 하고 부를 때,
마음에 차오르는 느낌은?

20____ · _____

20____ · _____

20____ · _____

20____ · _____

20____ · _____

FEBRUARY

내가 사랑이 부족하다고 느꼈던 때는?

20___ ·

20___ ·

20___ ·

20___ ·

20___ ·

FEBRUARY

성찬을 대하는 나의 마음은 어떠한가?

20___ · _____

20___ · _____

20___ · _____

20___ · _____

20___ · _____

FEBRUARY

나는 왜 그리스도인이 되었나?

20___ · _____

20___ · _____

20___ · _____

20___ · _____

20___ · _____

FEBRUARY

가장 감명 깊게 본 영화와
그 이유를 써보자.

20____ · _____

20____ · _____

20____ · _____

20____ · _____

20____ · _____

FEBRUARY

신앙이 절실하게 필요하다고 느낀 때는?

20___ •

20___ •

20___ •

20___ •

20___ •

FEBRUARY

2월의 기도 제목은?

20 ___ . _____

20 ___ . _____

20 ___ . _____

20 ___ . _____

20 ___ . _____

FEBRUARY

가장 전도하고 싶은 사람은?

20___ . _____

20___ . _____

20___ . _____

20___ . _____

20___ . _____

FEBRUARY 10

요즘 즐겨 듣는 음악은?

20___ ·

20___ ·

20___ ·

20___ ·

20___ ·

11 FEBRUARY

본받고 싶은 성경의 인물은?

**20___ · **

**20___ · **

**20___ · **

**20___ · **

**20___ · **

FEBRUARY 12

구원받은 그리스도인이
행복해 보이지 않을 때 드는 생각은?

20____ • _____

20____ • _____

20____ • _____

20____ • _____

20____ • _____

13 FEBRUARY

진리가 있다는 사실이 실감날 때는?

20 ___ . _____

20 ___ . _____

20 ___ . _____

20 ___ . _____

20 ___ . _____

FEBRUARY 14

최근 행한 언행 중 가장 후회되는 것은?

20 ___ . _____

20 ___ . _____

20 ___ . _____

20 ___ . _____

20 ___ . _____

15

FEBRUARY

하나의 꼬치에 꿰어서
구워 먹고 싶은 음식 다섯 가지는?

20 ___ . _____

20 ___ . _____

20 ___ . _____

20 ___ . _____

20 ___ . _____

FEBRUARY 16

가장 기억나는 회개의 순간은?

20 __ . _____

20 __ . _____

20 __ . _____

20 __ . _____

20 __ . _____

17

FEBRUARY

나만의 징크스나 트라우마는?

20 ·

20 ·

20 ·

20 ·

20 ·

FEBRUARY 18

마음이 평안할 때는 언제인가?

20____ ·

20____ ·

20____ ·

20____ ·

20____ ·

19 FEBRUARY

어릴 적 내가 기억하는 하나님은
어떤 분인가?

20 ___ · _____

20 ___ · _____

20 ___ · _____

20 ___ · _____

20 ___ · _____

FEBRUARY

지금처럼 계속 산다면,
20년 후 반드시 후회할 것 같은 일은?

20___ • _____

20___ • _____

20___ • _____

20___ • _____

20___ • _____

21 — FEBRUARY

부모님께 용서받은 기억 중
잊히지 않는 것은?

**20___ · **

**20___ · **

**20___ · **

**20___ · **

**20___ · **

FEBRUARY

엄마 아빠가 나의 인생을
책임져주지 못한다고 느낀 때는?

20__ · _____

20__ · _____

20__ · _____

20__ · _____

20__ · _____

FEBRUARY

내게 가족이 있어서
참 좋다고 생각한 때는?

20 ___ . _____

20 ___ . _____

20 ___ . _____

20 ___ . _____

20 ___ . _____

FEBRUARY

오늘, 내가 정말로 듣고 싶은 말은?

20____ . _____

20____ . _____

20____ . _____

20____ . _____

20____ . _____

FEBRUARY

백화점에서 네 가지의 물건을
마음대로 가져가라고 한다면,
고르고 싶은 물건은?

20___ .

20___ .

20___ .

20___ .

20___ .

FEBRUARY 26

느 자신이 자랑스럽게 느껴진 적이 있는가?

20____ · _____

20____ · _____

20____ · _____

20____ · _____

20____ · _____

FEBRUARY

최근 내가 받은 감사의 인사는?

20___ •

20___ •

20___ •

20___ •

20___ •

FEBRUARY

나의 희생이 보람 있게 느껴진 때는?

20 ___ .

20 ___ .

20 ___ .

20 ___ .

20 ___ .

FEBRUARY

4년 이상 풀지 못하고
끌어안고 있는 숙제가 있다면?

20___ . _____

20___ . _____

20___ . _____

20___ . _____

20___ . _____

MARCH 1

기븐 좋은 봄날을 선물해주신
주님을 찬양해보자.

20 ___ · _____

20 ___ · _____

20 ___ · _____

20 ___ · _____

20 ___ · _____

MARCH

한 달의 휴가가 주어진다면
꼭 해보고 싶은 것은?

20 ___ · _____

20 ___ · _____

20 ___ · _____

20 ___ · _____

20 ___ · _____

MARCH

바뀌어야 한다고 생각되는
나의 태도나 성격은?

20 ____ • _____

20 ____ • _____

20 ____ • _____

20 ____ • _____

20 ____ • _____

MARCH

하나님의 섭리가 느껴진 하루인가?

20___ . _____

20___ . _____

20___ . _____

20___ . _____

20___ . _____

MARCH 5

거울을 볼 때 드는 생각은?

20____ · _____

20____ · _____

20____ · _____

20____ · _____

20____ · _____

MARCH

상대방을 기쁘게 해주고 싶을 때,
어떤 행동을 하는가?

20 ___ . _____

20 ___ . _____

20 ___ . _____

20 ___ . _____

20 ___ . _____

MARCH

사람이라는 존재가
다름답다고 느꼈던 때는?

20 ___ . _____

20 ___ . _____

20 ___ . _____

20 ___ . _____

20 ___ . _____

MARCH

최근에 내가 받은 가장 뜻밖의 선물은?

20___ . _____

20___ . _____

20___ . _____

20___ . _____

20___ . _____

MARCH

마지막으로 의사를 만난 때와 이유는?

20 ___ . _____

20 ___ . _____

20 ___ . _____

20 ___ . _____

20 ___ . _____

10

MARCH

하나님이 정하신 때를
분별하고 있는가?

20___ ·

20___ ·

20___ ·

20___ ·

20___ ·

MARCH 11

마음을 지키기 어렵다고 느낀 때는?

20 ___ . _____

20 ___ . _____

20 ___ . _____

20 ___ . _____

20 ___ . _____

MARCH 12

다른 사람들이 내게서
배울 점이 있다면 무엇일까?

20___ .

20___ .

20___ .

20___ .

20___ .

MARCH 13

새벽기도를 결단한 적이 있는가?

20___ .

20___ .

20___ .

20___ .

20___ .

MARCH

최근에 가장 크게 웃었던 이유는?

20___ .

20___ .

20___ .

20___ .

20___ .

MARCH 15

내가 수퍼 히어로라면,
제일 해보고 싶은 일은?

20____ •

20____ •

20____ •

20____ •

20____ •

16

MARCH

3월의 기도 제목은?

20____ . _____

20____ . _____

20____ . _____

20____ . _____

20____ . _____

MARCH 17

마지막으로 기독교 서적을 읽은 때는?

20___ · _____

20___ · _____

20___ · _____

20___ · _____

20___ · _____

MARCH

이 나라에서 다시 태어나고 싶은가?

20 _____ . _____

20 _____ . _____

20 _____ . _____

20 _____ . _____

20 _____ . _____

MARCH 19

내가 가장 힘들어하는 계절은?

20___ .

20___ .

20___ .

20___ .

20___ .

MARCH

하루 중 기도하는 시간은?

20 ___ . _____

20 ___ . _____

20 ___ . _____

20 ___ . _____

20 ___ . _____

MARCH

하나님의 꿈을 품고 있는가?

20____ • _____

20____ • _____

20____ • _____

20____ • _____

20____ • _____

MARCH

하나님이
좋으신 분이라고 느낀 때는?

20 ___ •

20 ___ •

20 ___ •

20 ___ •

20 ___ •

MARCH

자신의 단단을 신뢰하는 편인가?

20____ · _____

20____ · _____

20____ · _____

20____ · _____

20____ · _____

MARCH

만일 내가 욥과 같은 상황에
처했다면 어떻게 할 것인가?

20 ___ . ___

20 ___ . ___

20 ___ . ___

20 ___ . ___

20 ___ . ___

MARCH

25

생각만 해도 기분 좋아지는 일은?

20____ . _____

20____ . _____

20____ . _____

20____ . _____

20____ . _____

MARCH

하나님은 선하신데
세상에는 왜 나쁜 일이 일어날까?

20____ . _____

20____ . _____

20____ . _____

20____ . _____

20____ . _____

MARCH

내가 신뢰하는 사람은?

20____ · _____

20____ · _____

20____ · _____

20____ · _____

20____ · _____

MARCH

가장 최근에 받은 따뜻한 메시지는?

20____ . _____

20____ . _____

20____ . _____

20____ . _____

20____ . _____

MARCH

오래도록 상처로 남은 말이 있는가?

20 ___ . _____

20 ___ . _____

20 ___ . _____

20 ___ . _____

20 ___ . _____

MARCH

어떤 일에 대해
하나님께 모든 것을 맡긴 때는?

20___ · _____

20___ · _____

20___ · _____

20___ · _____

20___ · _____

MARCH

31

일의 결과가 좋지 않을 때
흔히 보이는 나의 태도는?

20 ___ . _____

20 ___ . _____

20 ___ . _____

20 ___ . _____

20 ___ . _____

1

APRIL

4월의 기도 제목은?

20 ___ . _____

20 ___ . _____

20 ___ . _____

20 ___ . _____

20 ___ . _____

APRIL

지나온 연생 중 머무르고 싶은 연령은?

20____ · _____

20____ · _____

20____ · _____

20____ · _____

20____ · _____

APRIL

그리스도의 십자가 죽음이
나와 관계있다고 생각하는가?

20 ___ . _____

20 ___ . _____

20 ___ . _____

20 ___ . _____

20 ___ . _____

APRIL

다른 사람의 아픔이
나를 울렸던 때가 있는가?

20___ · _____

20___ · _____

20___ · _____

20___ · _____

20___ · _____

5 APRIL

내 성격을 다시 고를 수 있다면,
어떤 성격이 되고 싶은가?

20 . _____

20 . _____

20 . _____

20 . _____

20 . _____

APRIL

인생 초유의 영적 침체를 겪은 때는?

20___ . _____

20___ . _____

20___ . _____

20___ . _____

20___ . _____

APRIL

나는 그리스도인이기에 더 행복한가?

20___ · _____

20___ · _____

20___ · _____

20___ · _____

20___ · _____

APRIL

오늘, 학교(직장)에서
구별된 사람으로 살았는가?

20___ . _____

20___ . _____

20___ . _____

20___ . _____

20___ . _____

APRIL

내가 살아온 인생에 대해
반성하게 만드는 것은?

20 ___ . _____

20 ___ . _____

20 ___ . _____

20 ___ . _____

20 ___ . _____

APRIL

교회에서 만난 지체 중 오래도록
잊을 수 없는 사람이 있는가?

20 ___ .

20 ___ .

20 ___ .

20 ___ .

20 ___ .

/ 11

APRIL

최근, 학교(직장)에서
은혜로웠던 교제의 시간이 있었는가?

20___ · _____

20___ · _____

20___ · _____

20___ · _____

20___ · _____

APRIL

12

나의 기도를 특별히
필요로 하는 사람이 있는가?

20 ___ . _____

20 ___ . _____

20 ___ . _____

20 ___ . _____

20 ___ . _____

13

APRIL

고회를 위해 간절히 기도했던 때는?

20____ . _____

20____ . _____

20____ . _____

20____ . _____

20____ . _____

APRIL

내 생애 가장 기억에 남는 성찬은?

20 ___ · _____

20 ___ · _____

20 ___ · _____

20 ___ · _____

20 ___ · _____

15

APRIL

'그리스도는 교회의 머리이시다'라는
말씀을 들을 때 느끼는 것은?

20 ___ . _____

20 ___ . _____

20 ___ . _____

20 ___ . _____

20 ___ . _____

APRIL

소명에 회의가 든 적이 있는가?
어떻게 극복했는가?

20___ · _____

20___ · _____

20___ · _____

20___ · _____

20___ · _____

17

APRIL

최근에 다시 만나서 반가웠던 사람은?

20___ . _____

20___ . _____

20___ . _____

20___ . _____

20___ . _____

APRIL 18

이른 비와 늦은 비의 축복을
경험한 적이 있는가?

20 ___ · _____

20 ___ · _____

20 ___ · _____

20 ___ · _____

20 ___ · _____

19

APRIL

하루 중 가장 감상적이 되는 시간은?

20___ . _____

20___ . _____

20___ . _____

20___ . _____

20___ . _____

APRIL 20

나는 누구의 인정을 받고 싶은가?

20____ ·

20____ ·

20____ ·

20____ ·

20____ ·

21 APRIL

의욕이 충만한 삶을 살고 있는가?

20___ · _____

20___ · _____

20___ · _____

20___ · _____

20___ · _____

APRIL 22

교회 안에서 내가 제일 좋아하는 공간은?

20___ . _____

20___ . _____

20___ . _____

20___ . _____

20___ . _____

23 APRIL

요즘 내 몸에서 가장 연약한 부분은?

20___ · _____

20___ · _____

20___ · _____

20___ · _____

20___ · _____

APRIL

오늘 나의 영적 컨디션은 어떠한가?

20 ___ · _____

20 ___ · _____

20 ___ · _____

20 ___ · _____

20 ___ · _____

APRIL

어린아이들이 귀엽게 느껴졌던 때는?

20___ • _____

20___ • _____

20___ • _____

20___ • _____

20___ • _____

APRIL

예배 시간에 내가 즐겨 앉는 자리는?

20___ · _____

20___ · _____

20___ · _____

20___ · _____

20___ · _____

APRIL

최근에 예배 시간이 짧다고 느껴진 때는?

20___ · _____

20___ · _____

20___ · _____

20___ · _____

20___ · _____

APRIL

시련을 겪을 때 예수님의
십자가 고난을 생각해본 적 있는가?

20____ . _____

20____ . _____

20____ . _____

20____ . _____

20____ . _____

APRIL

우울할 때 스스로를 위로하는 방법은?

20____ . _____

20____ . _____

20____ . _____

20____ . _____

20____ . _____

APRIL

30

주일 예배에 나갈 때,
내가 기대하는 것은?

20 ___ . _____

20 ___ . _____

20 ___ . _____

20 ___ . _____

20 ___ . _____

1. MAY

사람들이 치사하다는 느낌이 들었던 때는?

20____ . _____

20____ . _____

20____ . _____

20____ . _____

20____ . _____

MAY

타인에게 모욕을 받을 때 나의 반응은 어떠한가?

20____ . _____

20____ . _____

20____ . _____

20____ . _____

20____ . _____

MAY

선교사가 된다면 봉사하고 싶은 나라는?
또 어떤 사역을 하고 싶은가?

20 ___ . _____

20 ___ . _____

20 ___ . _____

20 ___ . _____

20 ___ . _____

MAY

당신의 연애관 혹은 결혼관은 무엇인가?

20____ · _____

20____ · _____

20____ · _____

20____ · _____

20____ · _____

MAY

5

성경 통독을 완수해보았는가?

20___ . _____

20___ . _____

20___ . _____

20___ . _____

20___ . _____

MAY

믿음에도 연습이 필요하다고 생각되는가?

20____ · _____

20____ · _____

20____ · _____

20____ · _____

20____ · _____

MAY

7

5월의 기도 제목은?

20___ . _____

20___ . _____

20___ . _____

20___ . _____

20___ . _____

MAY

내가 생각하는 행복한 가정이란?

20___ . _____

20___ . _____

20___ . _____

20___ . _____

20___ . _____

MAY

여건이 된다면 교회에서
봉사해보고 싶은 일은?

20___ · ___

20___ · ___

20___ · ___

20___ · ___

20___ · ___

MAY 10

20년 후에 내가 닮고 싶은
모습을 가진 사람은?

20 ___ .

20 ___ .

20 ___ .

20 ___ .

20 ___ .

11 MAY

지금, 가족에게 하고 싶은
이야기가 있다면?

20 .

20 .

20 .

20 .

20 .

MAY

로또에 대해 어떻게 생각하는가?

12

20 . _____

20 . _____

20 . _____

20 . _____

20 . _____

13

MAY

기억에 남는 교회 모임은?

20 .

20 .

20 .

20 .

20 .

MAY

십자가 뒤에 죽었던 하루인가?

20 _____ . _____

20 _____ . _____

20 _____ . _____

20 _____ . _____

20 _____ . _____

15

MAY

잊을 수 없는 교회학교 선생님은?
혹은 교회 리더는?

20___ .

20___ .

20___ .

20___ .

20___ .

MAY

16

소외감으로 힘들었던 때는?
어떻게 극복했는가?

20 ___ . _____

20 ___ . _____

20 ___ . _____

20 ___ . _____

20 ___ . _____

17

MAY

오늘 내 안에 예수님이
살아 계심을 느꼈는가?

20___ . _____

20___ . _____

20___ . _____

20___ . _____

20___ . _____

MAY 18

꼭 하고 싶은 일이었지만
예수님 때문에 그만둔 일은?

20___ ·

20___ ·

20___ ·

20___ ·

20___ ·

19

MAY

너무나 하기 싫은 일이었지만
예수님 때문에 하게 된 일은?

20 ___ . _____

20 ___ . _____

20 ___ . _____

20 ___ . _____

20 ___ . _____

MAY 20

나는 죽음이 두려운가?

20____ · _____

20____ · _____

20____ · _____

20____ · _____

20____ · _____

21 — MAY

'내려놓음'의 의미를 써보자.

20 ___ . _____

20 ___ . _____

20 ___ . _____

20 ___ . _____

20 ___ . _____

MAY

천국어는 없는 것,
세 가지만 말한다면?

20___ · _____

20___ · _____

20___ · _____

20___ · _____

20___ · _____

23

MAY

두려움이 속삭일 때
어떻게 행동하는가?

20 ___ . _____

20 ___ . _____

20 ___ . _____

20 ___ . _____

20 ___ . _____

MAY

성령이 함께하심을
강력하게 느꼈던 때는?

20 ___ · _____

20 ___ · _____

20 ___ · _____

20 ___ · _____

20 ___ · _____

MAY

내가 가본 가장 먼 여행지는?

20___ . _____

20___ . _____

20___ . _____

20___ . _____

20___ . _____

MAY

살아 있다는 것이
가슴 벅차도록 기뻤을 때는?

20 ___ . _____

20 ___ . _____

20 ___ . _____

20 ___ . _____

20 ___ . _____

MAY 27

최근, 설교를 듣거나
성경을 읽다가 크게 깨달은 것은?

20___ .

20___ .

20___ .

20___ .

20___ .

MAY 28

요즘 내가 가장 좋아하는 날씨는?

20 ___ . _____

20 ___ . _____

20 ___ . _____

20 ___ . _____

20 ___ . _____

MAY

교회에 처음 발을 내딛었을 때
기억에 남았던 광경은?

20___ •

20___ •

20___ •

20___ •

20___ •

MAY

어떤 사람이 미워질 때
나의 가장 흔한 반응은?

20____ . _____

20____ . _____

20____ . _____

20____ . _____

20____ . _____

31 — MAY

무신론자에게 전하고 싶은 말이 있다면?

20____ .

20____ .

20____ .

20____ .

20____ .

JUNE

1

나는 부활을 믿는가?

20 ___ . _____

20 ___ . _____

20 ___ . _____

20 ___ . _____

20 ___ . _____

JUNE

결혼의 목적이 무엇이라 생각하는가?

20 .

20 .

20 .

20 .

20 .

JUNE

예수님을 믿지 않는 가족을 위해 내가 한 일은?

20 ___ • _____

20 ___ • _____

20 ___ • _____

20 ___ • _____

20 ___ • _____

JUNE

최근 감명 깊었던 신앙 이야기는?

20___ . _____

20___ . _____

20___ . _____

20___ . _____

20___ . _____

JUNE

잊을 수 없는 행복한 기억이 있는가?

20___ · _____

20___ · _____

20___ · _____

20___ · _____

20___ · _____

JUNE

오늘 점심은 어디서 누구와 무엇을 먹었나?

20 ___ . _____

20 ___ . _____

20 ___ . _____

20 ___ . _____

20 ___ . _____

JUNE

생각하면 마음이 따뜻해지는 기억은?

20____ · _____

20____ · _____

20____ · _____

20____ · _____

20____ · _____

JUNE
8

일주일 중 내가 제일 기다리는 시간은?

20 ___ . _____

20 ___ . _____

20 ___ . _____

20 ___ . _____

20 ___ . _____

JUNE

나를 분노하게 만드는 것은?

20 _____ . _____

20 _____ . _____

20 _____ . _____

20 _____ . _____

20 _____ . _____

10

JUNE

어린 시절의 내가 좋아했던 것은?

20____ •

20____ •

20____ •

20____ •

20____ •

JUNE

깊은 숲 속에서 길을 잃었다면
꼭 함께 있고 싶은 사람은?

20____ . _____

20____ . _____

20____ . _____

20____ . _____

20____ . _____

12

JUNE

천국에 들어가는 열쇠는 무엇일까?

20 .

20 .

20 .

20 .

20 .

JUNE 13

6월의 기도 제목은?

20 ___ · _____

20 ___ · _____

20 ___ · _____

20 ___ · _____

20 ___ · _____

JUNE

성경이 하나님의 말씀임을
뚜렷하게 체험한 때는?

20___ .

20___ .

20___ .

20___ .

20___ .

JUNE 15

지금 읽고 있는 성경 장을 적어보자.

20 ___ . _____

20 ___ . _____

20 ___ . _____

20 ___ . _____

20 ___ . _____

16

JUNE

한 번쯤 해보고 싶은 일탈은?

20___ · _____

20___ · _____

20___ · _____

20___ · _____

20___ · _____

JUNE 17

나의 장례 예배에서
설교되기 바라는 성경 구절은?

20 ___ . _____

20 ___ . _____

20 ___ . _____

20 ___ . _____

20 ___ . _____

18

JUNE

숨을 거둘 때
마지막으로 듣고 싶은 찬송가는?

20 ___ . _____

20 ___ . _____

20 ___ . _____

20 ___ . _____

20 ___ . _____

JUNE

나의 인생을 한 문장으로 표현한다면?

20____ • _____

20____ • _____

20____ • _____

20____ • _____

20____ • _____

JUNE

숨을 거둘 때 나의 성경을
물려주고 싶은 사람은?

20 ___ . ___

20 ___ . ___

20 ___ . ___

20 ___ . ___

20 ___ . ___

JUNE

오늘 아침 눈뜨던서 들었던 첫 생각은?

20____ . _____

20____ . _____

20____ . _____

20____ . _____

20____ . _____

JUNE

내 인생을 리셋할 수 있다면
어떻게 살 것인가?

20___ • _____

20___ • _____

20___ • _____

20___ • _____

20___ • _____

JUNE

내가 가장 좋아하는 대중문화는?

20 ___ . _____

20 ___ . _____

20 ___ . _____

20 ___ . _____

20 ___ . _____

JUNE

하나님이 싫어하시는 것
(술, 담배, 미디어 등)과
얼마나 멀리 있는가?

20___ . _____

20___ . _____

20___ . _____

20___ . _____

20___ . _____

JUNE 25

기뻐서 눈물이 났던 때는?

20___ · _____

20___ · _____

20___ · _____

20___ · _____

20___ · _____

26 JUNE

지금 내가 가장 원하는 것은?

20 ___ . _____

20 ___ . _____

20 ___ . _____

20 ___ . _____

20 ___ . _____

JUNE

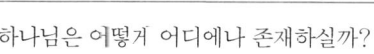

하나님은 어떻게 어디에나 존재하실까?

20___ •

20___ •

20___ •

20___ •

20___ •

JUNE

'삼위일체 하나님'에 대해
어떻게 생각하는가?

20__ .

20__ .

20__ .

20__ .

20__ .

JUNE

하나님을 올바로 아는 것이
매우 중요하다고 느낀 때는?

20 ___ · _____

20 ___ · _____

20 ___ · _____

20 ___ · _____

20 ___ · _____

JUNE

이 세상에서 가장 불쌍한 사람은?

20 ___ · _____

20 ___ · _____

20 ___ · _____

20 ___ · _____

20 ___ · _____

JULY

1

불의한 사람이 득세하는 것을
볼 때 드는 생각은?

20____ · _____

20____ · _____

20____ · _____

20____ · _____

20____ · _____

JULY

영혼이 영원히 존재할 것이라는
사실에 대한 나의 생각은?

20___ . _____

20___ . _____

20___ . _____

20___ . _____

20___ . _____

JULY

인간의 일생이 참으로 짧다는
생각이 든 적이 있는가?

20___ . _____

20___ . _____

20___ . _____

20___ . _____

20___ . _____

JULY

내가 올라가본 산 중 가장 높은 것은?

20____ . _____

20____ . _____

20____ . _____

20____ . _____

20____ . _____

JULY

과정과 결과 중 더 중요하게 생각하는 것은?

20 ·

20 ·

20 ·

20 ·

20 ·

JULY

7월의 기도 제목은?

20 ___ . _____

20 ___ . _____

20 ___ . _____

20 ___ . _____

20 ___ . _____

JULY

하나님은 공평하신가?

20 ___ · _____

20 ___ · _____

20 ___ · _____

20 ___ · _____

20 ___ · _____

JULY

8

기도 생활과 부부 생활(연애)의
병행을 돕는 성경적 기준을 갖고 있는가?

20___ . _____

20___ . _____

20___ . _____

20___ . _____

20___ . _____

JULY

오늘 나에게 주신 말씀은?

20____ . _____

20____ . _____

20____ . _____

20____ . _____

20____ . _____

10 JULY

하나님의 큰 위로를 경험한 적이 있는가?

20___ • _____

20___ • _____

20___ • _____

20___ • _____

20___ • _____

JULY

모든 것을 하실 수 있는 하나님께
특별히 부탁드리고 싶은 것이 있다면?

20____ · _____

20____ · _____

20____ · _____

20____ · _____

20____ · _____

12 JULY

오늘 무엇을 위해 기도했는가?

20___ · _____

20___ · _____

20___ · _____

20___ · _____

20___ · _____

JULY 13

하나님이 나를 불쌍히
여기신다고 느낀 때는?

20___ •

20___ •

20___ •

20___ •

20___ •

14 JULY

하나님이 나에 대해
오래 참으신다고 생각한 때는?

20___ · _____

20___ · _____

20___ · _____

20___ · _____

20___ · _____

JULY 15

하나님이 약속을 꼭 지키시는 분이라고
느낀 때는?

20___ .

20___ .

20___ .

20___ .

20___ .

16 JULY

하나님이 두렵다고 느낀 때는?

20 .

20 .

20 .

20 .

20 .

JULY 17

'조금 더 일찍 알았더라면' 하는 것이 있다면?

20 _____ . _____

20 _____ . _____

20 _____ . _____

20 _____ . _____

20 _____ . _____

18

JULY

교회 근처 음식점 중 가장 좋아하는 곳은?

20 ___ · _____

20 ___ · _____

20 ___ · _____

20 ___ · _____

20 ___ · _____

JULY 19

'하나님은 영원 전부터 나를 선택하셨다'라는
말씀을 듣고 떠오르는 생각은?

20 ___ · _____

20 ___ · _____

20 ___ · _____

20 ___ · _____

20 ___ · _____

JULY

지금, 성경의 잠언을 펼쳐보자.
원하는 장을 읽고 마음에 와 닿는
성경 구절을 써보자.

20 ___ . _____

20 ___ . _____

20 ___ . _____

20 ___ . _____

20 ___ . _____

JULY

초등학고 시절을 떠올려보자.
기억에 남는 에피소드는?

20 ___ . _____

20 ___ . _____

20 ___ . _____

20 ___ . _____

20 ___ . _____

22 JULY

가장 기억에 남는 밤하늘은?

20 ___ . _____

20 ___ . _____

20 ___ . _____

20 ___ . _____

20 ___ . _____

JULY

23

오늘 나의 마음 밭은 어떤 상태인가?

20 ___ .

20 ___ .

20 ___ .

20 ___ .

20 ___ .

JULY 24

인간은 왜 존엄할까?

20___ . _____

20___ . _____

20___ . _____

20___ . _____

20___ . _____

JULY

〈당신은 사랑받기 위해 태어난 사람〉
찬송을 부를 때 떠오르는 생각은?

20___ · _____

20___ · _____

20___ · _____

20___ · _____

20___ · _____

26 JULY

요즘 지켜주고 싶은 사람이 있다면?

20___ • _____

20___ • _____

20___ • _____

20___ • _____

20___ • _____

JULY

어젯밤 잠들기 전 고민했던 것은?
오늘은 해결됐는가?

20____ · _____

20____ · _____

20____ · _____

20____ · _____

20____ · _____

JULY

세상의 유명인이나 성경의 인물들 중
꼭 한 번 대화해보고 싶은 사람은?

20 ___ . _____

20 ___ . _____

20 ___ . _____

20 ___ . _____

20 ___ . _____

JULY

죽기 전에 꼭 해보고 싶은
세 가지 일은?

20 ___ .

20 ___ .

20 ___ .

20 ___ .

20 ___ .

30

JULY

초록의 우거짐을
선물해주신 하나님을 찬양해보자.

20 ___ . _____

20 ___ . _____

20 ___ . _____

20 ___ . _____

20 ___ . _____

JULY 31

여자와 남자를 만드신 하나님의
오묘한 섭리를 깨달았을 때는?

20 ___ • _____

20 ___ • _____

20 ___ • _____

20 ___ • _____

20 ___ • _____

1. AUGUST

길거리에 버려진 반려동물을 볼 때 드는 생각은?

20___ . _____

20___ . _____

20___ . _____

20___ . _____

20___ . _____

AUGUST

최근, 주변 사람들 중
특히나 외로워 보이는 사람은?

20____ · _____

20____ · _____

20____ · _____

20____ · _____

20____ · _____

AUGUST

가정 안의 맡은 역할(부모 혹은 자녀)을
충실히 이행하고 있는가?

20___ · _____

20___ · _____

20___ · _____

20___ · _____

20___ · _____

AUGUST

8월의 기도 제목은?

20____ . _____

20____ . _____

20____ . _____

20____ . _____

20____ . _____

AUGUST

의지하던 누군가와 억지로 떨어진
경험이 있는가? 어떻게 극복했는가?

20___ .

20___ .

20___ .

20___ .

20___ .

AUGUST

정직한 하루를 보냈는가?

20 _ _ . _____

20 _ _ . _____

20 _ _ . _____

20 _ _ . _____

20 _ _ . _____

AUGUST

죄에서 쉽게 벗어날 수 없다고 느낄 때
나의 반응은?

20____ . _____

20____ . _____

20____ . _____

20____ . _____

20____ . _____

AUGUST

가장 기억에 남는 단기선교는?

20___ · _____

20___ · _____

20___ · _____

20___ · _____

20___ · _____

AUGUST

나는 진실로 회심하였는가?

20 ___ . _____

20 ___ . _____

20 ___ . _____

20 ___ . _____

20 ___ . _____

AUGUST

하나님의 형하심을 기다리기 위해
인내한 적이 있는가?

20____ · _____

_____

_____

_____

20____ · _____

_____

_____

_____

20____ · _____

_____

_____

_____

20____ · _____

_____

_____

_____

20____ · _____

_____

_____

_____

11 AUGUST

하나님이 주신 자리(학교, 직장 등)를
지키는 것이 서글펐던 적은?

20 ___ ·

20 ___ ·

20 ___ ·

20 ___ ·

20 ___ ·

AUGUST

내게는 든든한 하늘의 지원군이
있다고 확신했던 때는?

20 ___ · _____

20 ___ · _____

20 ___ · _____

20 ___ · _____

20 ___ · _____

13

AUGUST

삶이 힘겹게 느껴질 때
그것을 극복하는 나의 방법은?

20 ·

20 ·

20 ·

20 ·

20 ·

AUGUST

14

가정여 배틀 드리고 있는가?

20____ · _____

20____ · _____

20____ · _____

20____ · _____

20____ · _____

15 AUGUST

내가 만난 하나님에 대해
나눌 수 있는 직장 동료가 있는가?

20___ · _____

20___ · _____

20___ · _____

20___ · _____

20___ · _____

AUGUST 16

하나님이 나를 사랑하신다고
느꼈던 때는?

20 ___ . _____

20 ___ . _____

20 ___ . _____

20 ___ . _____

20 ___ . _____

17

AUGUST

무슨 일을 하든지 주께 하듯 하라는
말씀을 지키고 있는가?

20___ . _____

20___ . _____

20___ . _____

20___ . _____

20___ . _____

AUGUST 18

네 부모를 공경하라는
말씀을 지키고 있는가?

20 ___ .

20 ___ .

20 ___ .

20 ___ .

20 ___ .

19 AUGUST

'나는 예수님을 믿는다'라고
당당하게 고백할 수 있는가?

20___ ·

20___ ·

20___ ·

20___ ·

20___ ·

AUGUST

나는 일주일에 몇 번 교회에 가는가?

20____ · _____

20____ · _____

20____ · _____

20____ · _____

20____ · _____

AUGUST

힘들고 어려울 때 위로가 되었던 밥상은?

20 ___ . _____

20 ___ . _____

20 ___ . _____

20 ___ . _____

20 ___ . _____

AUGUST 22

나는 지금 성령 충만한가?

20____ ·

20____ ·

20____ ·

20____ ·

20____ ·

23

AUGUST

누군가
"네가 구원받은 증거는 무엇이냐" 하고
묻는다면 나의 대답은?

20___ .

20___ .

20___ .

20___ .

20___ .

AUGUST

그리스도인이 된 가장 큰 동기는?

20____ . _____

20____ . _____

20____ . _____

20____ . _____

20____ . _____

AUGUST

예수 그리스도를 만나기 전과 후,
가장 크게 달라진 것은?

20____ · _____

20____ · _____

20____ · _____

20____ · _____

20____ · _____

AUGUST

직장(아르바이트)에서
받은 보너스는 십일조를 해야 할까?

20 ___ •

20 ___ •

20 ___ •

20 ___ •

20 ___ •

27 AUGUST

최근에 가족과 함께
영화관에 간 적이 있는가?

20___ .

20___ .

20___ .

20___ .

20___ .

AUGUST

오늘 저녁 식사 후
무엇을 하며 시간을 보냈는가?

20___ ·

20___ ·

20___ ·

20___ ·

20___ ·

AUGUST

지금 나에게 하나님을 향한
간절한 갈망이 있는가?

20___ . _____

20___ . _____

20___ . _____

20___ . _____

20___ . _____

AUGUST

현재의 배우자 혹은 미래의
배우자를 위해 얼마나 기도하고 있는가?

20____ · _____

20____ · _____

20____ · _____

20____ · _____

20____ · _____

31 AUGUST

예수님을 믿지 않았다면
지금 나는 어떤 삶을 살고 있을까?

20___ · ___

20___ · ___

20___ · ___

20___ · ___

20___ · ___

SEPTEMBER 1

예수님 믿기를 참 잘했다고 생각될 때는?

20 ___ · _____

20 ___ · _____

20 ___ · _____

20 ___ · _____

20 ___ · _____

SEPTEMBER

최근 사람들에게 받은 칭찬은?

20___ • _____

20___ • _____

20___ • _____

20___ • _____

20___ • _____

SEPTEMBER

사회생활에서 반드시 피해야 할 행동이 있다면?

20____ · _____

20____ · _____

20____ · _____

20____ · _____

20____ · _____

SEPTEMBER

요즘 내가 즐겨 먹는 디저트는?

20___ . _____

20___ . _____

20___ . _____

20___ . _____

20___ . _____

SEPTEMBER

내가 기억하는 어린 시절의 교회는?

20 ___ . ___

20 ___ . ___

20 ___ . ___

20 ___ . ___

20 ___ . ___

SEPTEMBER

다시 직업을 선택한다면,
어떤 일을 하고 싶은가?

20 ___ . _____

20 ___ . _____

20 ___ . _____

20 ___ . _____

20 ___ . _____

SEPTEMBER

직장 혹은 학교에서 겪고 있는
가장 큰 어려움은?

20____ · _____

20____ · _____

20____ · _____

20____ · _____

20____ · _____

SEPTEMBER

기도의 가치는 무엇인가?

20 ___ . ___

20 ___ . ___

20 ___ . ___

20 ___ . ___

20 ___ . ___

SEPTEMBER

오늘의 헤드라인 뉴스는 무엇인가?
내용을 보고 느낀 점은?

20____ · _____

20____ · _____

20____ · _____

20____ · _____

20____ · _____

10 SEPTEMBER

신앙의 절개를 지키기 위해
몸부림친 적이 있는가?

20___ . _____

20___ . _____

20___ . _____

20___ . _____

20___ . _____

SEPTEMBER

인생의 터닝 포인트가 있었는가?
아직 없다면 그 이유는 무엇일까?

20____ . _____

20____ . _____

20____ . _____

20____ . _____

20____ . _____

12 SEPTEMBER

요즘 나만의 필수품이 있다면?

20____ . _____

20____ . _____

20____ . _____

20____ . _____

20____ . _____

SEPTEMBER

13

이번 달, 기억에 남는 설교는?

20____ · _____

20____ · _____

20____ · _____

20____ · _____

20____ · _____

SEPTEMBER

근래 가장 마음에 와 닿는 찬양은?

20___ . _____

20___ . _____

20___ . _____

20___ . _____

20___ . _____

SEPTEMBER 15

최근에 내 나이가 너무 많다고
생각된 때는?

20____ · _____

20____ · _____

20____ · _____

20____ · _____

20____ · _____

16 SEPTEMBER

베토벤의 피아노 소나타 8번
〈비창〉을 들어보자. 느낌은?

20____ · _____

20____ · _____

20____ · _____

20____ · _____

20____ · _____

SEPTEMBER 17

깊은 기도를 경험한 때는?

20____ · _____

20____ · _____

20____ · _____

20____ · _____

20____ · _____

18

SEPTEMBER

어떻게 하면 그리스도인으로서
사회에 기여할 수 있을까?

20____ .

20____ .

20____ .

20____ .

20____ .

SEPTEMBER

오늘 내가 저지른 황당한 실수는?

20 ___ . _____

20 ___ . _____

20 ___ . _____

20 ___ . _____

20 ___ . _____

SEPTEMBER

오늘 아침 내가 제일 먼저 한 말은?

20___ · _____

20___ · _____

20___ · _____

20___ · _____

20___ · _____

SEPTEMBER

돈 많은 부모를 둔 사람을 볼 때
드는 생각은?

20 ____ . _____

20 ____ . _____

20 ____ . _____

20 ____ . _____

20 ____ . _____

SEPTEMBER

지금까지 몇 명 전도했는가?

20___ ·

20___ ·

20___ ·

20___ ·

20___ ·

SEPTEMBER

기도가 나를 거절하고 있다고
느꼈던 때는?

20 ___ . _____

20 ___ . _____

20 ___ . _____

20 ___ . _____

20 ___ . _____

SEPTEMBER

최근에 땀 흘려
일한 기쁨을 맛본 때는?

20___ . _____

20___ . _____

20___ . _____

20___ . _____

20___ . _____

SEPTEMBER 25

올 가을, 가장 감사한 일은?

20 ___ . _____

20 ___ . _____

20 ___ . _____

20 ___ . _____

20 ___ . _____

SEPTEMBER

내가 예수 그리스도 때문에
고난을 받고 있다고 느낀 때는?

20 ___ . _____

20 ___ . _____

20 ___ . _____

20 ___ . _____

20 ___ . _____

SEPTEMBER

나는 친절한 사람인가?
나의 친절한 행동은 누구를 위함인가?

20___ · _____

20___ · _____

20___ · _____

20___ · _____

20___ · _____

SEPTEMBER

예수님을 주인 삼은 그리스도인의
주체적 삶이란 무엇일까?

20___ . _____

20___ . _____

20___ . _____

20___ . _____

20___ . _____

SEPTEMBER 29

내 앞에 낯선 사람이 쓰러져 있다.
나는 어떻게 할 것인가?

20____ · _____

20____ · _____

20____ · _____

20____ · _____

20____ · _____

SEPTEMBER

이상하게 자꾸
참견하게 되는 일은?

20 . _____

20 . _____

20 . _____

20 . _____

20 . _____

OCTOBER

1.

몸이 아플 때, 주로 하는 생각은?

20 ___ . _____

20 ___ . _____

20 ___ . _____

20 ___ . _____

20 ___ . _____

OCTOBER

교회란 무엇이라 생각하는가?

20 ___ • _____

20 ___ • _____

20 ___ • _____

20 ___ • _____

20 ___ • _____

OCTOBER

추수의 계절을 선사하신 하나님을 찬양해보자.

3

20 ___ . _____

20 ___ . _____

20 ___ . _____

20 ___ . _____

20 ___ . _____

OCTOBER

오늘 하루, 나는 세상 속
소금의 역할을 감당했는가?

20___ .

20___ .

20___ .

20___ .

20___ .

OCTOBER 5

내 인생에서 제일 잘나갔던 때는?

20____ . _____

20____ . _____

20____ . _____

20____ . _____

20____ . _____

OCTOBER

가장 아찔했던 순간은?

20 .

20 .

20 .

20 .

20 .

OCTOBER

시간과 물질을 허비하고 있다고 생각되는 관계는?

20 ___ . _____

20 ___ . _____

20 ___ . _____

20 ___ . _____

20 ___ . _____

OCTOBER

나에게 미디어 금식이 필요한가?

20 ___ . ___

20 ___ . ___

20 ___ . ___

20 ___ . ___

20 ___ . ___

OCTOBER

나는 언제 가장 생기가 도는가?

20 ___ . _____

20 ___ . _____

20 ___ . _____

20 ___ . _____

20 ___ . _____

OCTOBER

10

돈이 많으면 좋겠다고
생각하게 되는 순간은?

20___ .

20___ .

20___ .

20___ .

20___ .

OCTOBER

내가 사랑하는 것들 중,
영원히 사라지지 않을 거라 생각되는 것은?

20 _ . _____

20 _ . _____

20 _ . _____

20 _ . _____

20 _ . _____

12 OCTOBER

사도신경 중
마음에 제일 사무치는 구절은?

20____ .

20____ .

20____ .

20____ .

20____ .

OCTOBER 13

말씀을 아는 것과 사는 것의
괴리감을 느낀 적이 있는가?

20____ · _____

20____ · _____

20____ · _____

20____ · _____

20____ · _____

14 OCTOBER

나에게 인생은 너무 긴가, 너무 짧은가?

20___ · _____

20___ · _____

20___ · _____

20___ · _____

20___ · _____

OCTOBER 15

죄악된 본성과 싸워 이겨본 적이 있는가?

20 ___ . _____

20 ___ . _____

20 ___ . _____

20 ___ . _____

20 ___ . _____

16 OCTOBER

교회가 반드시 해야 한다고
생각하는 사역은?

20___ • _____

20___ • _____

20___ • _____

20___ • _____

20___ • _____

OCTOBER

불완전한 성도, 불완전한 교회도
사랑하시는 하나님을 느꼈던 때는?

20___ . _____

20___ . _____

20___ . _____

20___ . _____

20___ . _____

OCTOBER

내 신앙의 황금기는?

20 ___ . _____

20 ___ . _____

20 ___ . _____

20 ___ . _____

20 ___ . _____

OCTOBER 19

내가 가장 중요하게 생각하는 질서는?

20 ___ . ___

20 ___ . ___

20 ___ . ___

20 ___ . ___

20 ___ . ___

OCTOBER

가장 행복했던 주일은?

20 ___ · _____

20 ___ · _____

20 ___ · _____

20 ___ · _____

20 ___ · _____

OCTOBER

거룩한 열정을 품은 하루였는가?

20 ___ . _____

20 ___ . _____

20 ___ . _____

20 ___ . _____

20 ___ . _____

OCTOBER

내가 제일 많이 통화하는 사람은?

20___ . _____

20___ . _____

20___ . _____

20___ . _____

20___ . _____

OCTOBER 23

최근 밤낮 부르짖어
기도한 적이 있는가?

20____ · _____

20____ · _____

20____ · _____

20____ · _____

20____ · _____

OCTOBER

24

단 세 권의 책만 가지고 무인도에
들어가야 한다면, 내가 가져갈 책은?

20 ___ •

20 ___ •

20 ___ •

20 ___ •

20 ___ •

OCTOBER

내일 예수님이 재림하신다면
나는 오늘 무엇을 하겠는가?

20____ . _____

20____ . _____

20____ . _____

20____ . _____

20____ . _____

OCTOBER

천국이 있다는 사실이
위로가 된 때는?

20___ . _____

20___ . _____

20___ . _____

20___ . _____

20___ . _____

OCTOBER 27

니가 한 제일 큰 양보는?

20 ___ . _____

20 ___ . _____

20 ___ . _____

20 ___ . _____

20 ___ . _____

OCTOBER

지금, 가장 배우고 싶은 것은?

20 ＿＿ ．＿＿＿＿＿＿＿＿＿＿＿＿＿＿＿＿＿＿＿＿＿＿＿＿＿＿＿＿＿＿＿＿＿＿

20 ＿＿ ．＿＿＿＿＿＿＿＿＿＿＿＿＿＿＿＿＿＿＿＿＿＿＿＿＿＿＿＿＿＿＿＿＿＿

20 ＿＿ ．＿＿＿＿＿＿＿＿＿＿＿＿＿＿＿＿＿＿＿＿＿＿＿＿＿＿＿＿＿＿＿＿＿＿

20 ＿＿ ．＿＿＿＿＿＿＿＿＿＿＿＿＿＿＿＿＿＿＿＿＿＿＿＿＿＿＿＿＿＿＿＿＿＿

20 ＿＿ ．＿＿＿＿＿＿＿＿＿＿＿＿＿＿＿＿＿＿＿＿＿＿＿＿＿＿＿＿＿＿＿＿＿＿

OCTOBER

영적 부흥을 경험한 적이 있는가?

20____ · _____

20____ · _____

20____ · _____

20____ · _____

20____ · _____

OCTOBER

누군가를
웃게 하기 위해 했던 노력은?

20 ___ . _____

20 ___ . _____

20 ___ . _____

20 ___ . _____

20 ___ . _____

OCTOBER 31

내가 오늘 충성한 대상은?

20___ · ___

20___ · ___

20___ · ___

20___ · ___

20___ · ___

NOVEMBER

1.

교만했기 때문에 겪은 실패는?

20 ___ . _____

20 ___ . _____

20 ___ . _____

20 ___ . _____

20 ___ . _____

NOVEMBER

지금 나에게 가장 필요한 선물은?

20 ___ .

20 ___ .

20 ___ .

20 ___ .

20 ___ .

NOVEMBER

성령의 아홉 가지 열매 중
내게 없다고 생각되는 것은?

20___ . _____

20___ . _____

20___ . _____

20___ . _____

20___ . _____

NOVEMBER

주기도문 중 가장 마음이 실리는 기도 제목은?

20___ · _____

20___ · _____

20___ · _____

20___ · _____

20___ · _____

NOVEMBER

5

내 생애, 제일 어려웠던 고백은?

20 __ . _____

20 __ . _____

20 __ . _____

20 __ . _____

20 __ . _____

NOVEMBER

11월의 기도 제목은?

20____ . _____

_____

_____

_____

20____ . _____

_____

_____

_____

20____ . _____

_____

_____

_____

20____ . _____

_____

_____

_____

20____ . _____

_____

_____

_____

NOVEMBER

왜 하나님은 가족을 주셨을까?

20____ . _____

20____ . _____

20____ . _____

20____ . _____

20____ . _____

NOVEMBER

가장 절제하기 힘든 것은?

20 ___ . _____

20 ___ . _____

20 ___ . _____

20 ___ . _____

20 ___ . _____

NOVEMBER

후회 없이 사랑해본 적이 있는가?

20 ___ . _____

20 ___ . _____

20 ___ . _____

20 ___ . _____

20 ___ . _____

NOVEMBER 10

내가 생각하는 성공의 척도는?

20____ · _____

20____ · _____

20____ · _____

20____ · _____

20____ · _____

11 NOVEMBER

자존심 때문에 하지 못한
말이나 행동이 있다면?

20 ___ . _____

20 ___ . _____

20 ___ . _____

20 ___ . _____

20 ___ . _____

NOVEMBER 12

하나님이 나에게 기대하시는 일 가운데,
제일 어렵게 느껴지는 일은?

20 ___ . _____

20 ___ . _____

20 ___ . _____

20 ___ . _____

20 ___ . _____

13

NOVEMBER

나는 왜 방황하는가?

20___ · ___

20___ · ___

20___ · ___

20___ · ___

20___ · ___

NOVEMBER

내가 품었던 소망 중 제일 간절했던 것은?

20 ___ . _____

20 ___ . _____

20 ___ . _____

20 ___ . _____

20 ___ . _____

15 NOVEMBER

나에게 목자가 있는가? 있다면 나는 목자에게 목양받기를 즐거워하는가?

20__ .

20__ .

20__ .

20__ .

20__ .

NOVEMBER 16

과거의 _____ 때문에
지금의 내가 있다.

20___ .

20___ .

20___ .

20___ .

20___ .

17

NOVEMBER

내가 선조에게 물려받은
가장 위대한 유산은?

20 ___ . _____

20 ___ . _____

20 ___ . _____

20 ___ . _____

20 ___ . _____

NOVEMBER

이 세상에서 가장 아름다운 것은?

20 ___ .

20 ___ .

20 ___ .

20 ___ .

20 ___ .

19

NOVEMBER

선천적으로 질병을 가지고 태어난
아이들을 볼 때 드는 생각은?

20____ . _____

20____ . _____

20____ . _____

20____ . _____

20____ . _____

NOVEMBER 20

교회 가기 싫어질 때는?

20 ___ . _____

20 ___ . _____

20 ___ . _____

20 ___ . _____

20 ___ . _____

21 — NOVEMBER

얼마나 오래 잘 수 있나?

20___ · _____

20___ · _____

20___ · _____

20___ · _____

20___ · _____

NOVEMBER 22

뒷공론하는 것을 좋아하는가?

20____ · _____

20____ · _____

20____ · _____

20____ · _____

20____ · _____

NOVEMBER

나 자신이 한심하다고 느꼈던 적은?
어떻게 극복했는가?

20 ___ •

20 ___ •

20 ___ •

20 ___ •

20 ___ •

NOVEMBER

너무 바빠 경건 생활이 힘들다면
어떻게 하겠는가?

20 ___ . _____

20 ___ . _____

20 ___ . _____

20 ___ . _____

20 ___ . _____

NOVEMBER

기억에 남는 심방이 있는가?

20 .

20 .

20 .

20 .

20 .

NOVEMBER

오늘 하루 겸손했는가?

20____ ·

20____ ·

20____ ·

20____ ·

20____ ·

NOVEMBER

원수의 손에서 건져주신 하나님의
통쾌한 은혜를 경험한 적 있는가?

20 ___ . _____

20 ___ . _____

20 ___ . _____

20 ___ . _____

20 ___ . _____

NOVEMBER

나는 인색한 사람인가?

20____ · _____

20____ · _____

20____ · _____

20____ · _____

20____ · _____

NOVEMBER

나의 교회 생활 안에서
'종교적 외식'이 있다면?

20___ .

20___ .

20___ .

20___ .

20___ .

NOVEMBER 30

스스로 가장
마음에 들지 않는 부분은?

20____ · _____

20____ · _____

20____ · _____

20____ · _____

20____ · _____

1. DECEMBER

말을 잘해서 덕을 보았거나
말을 잘못해서 곤혹스러웠던 적은?

20 ___ . _____

20 ___ . _____

20 ___ . _____

20 ___ . _____

20 ___ . _____

DECEMBER

겨울을 주관하시는 하나님을 찬양해보자.

20____ . _____

20____ . _____

20____ . _____

20____ . _____

20____ . _____

DECEMBER

나의 달란트는 무엇이라고 생각하는가?

20 ___ . _____

20 ___ . _____

20 ___ . _____

20 ___ . _____

20 ___ . _____

DECEMBER

가장 기억에 남는 휴가는?

20 ___ . _____

20 ___ . _____

20 ___ . _____

20 ___ . _____

20 ___ . _____

DECEMBER

5

성숙한 그리스도인이란 _____다.

20___ · _____

20___ · _____

20___ · _____

20___ · _____

20___ · _____

DECEMBER

나에게 가장 휴식이 되는 일은?

20____ . _____

20____ . _____

20____ . _____

20____ . _____

20____ . _____

DECEMBER

예수 그리스도를 향한 나의 사랑은 열렬한가?

20___ • _____

20___ • _____

20___ • _____

20___ • _____

20___ • _____

DECEMBER

신념과 실제적인 이익 중
하나만 택해야 한다면?

20____ · _____

20____ · _____

20____ · _____

20____ · _____

20____ · _____

DECEMBER

내가 생각하는 '하나님의 은혜'란 무엇인가?

20___ . _____

20___ . _____

20___ . _____

20___ . _____

20___ . _____

DECEMBER 10

나에게 성경은 무엇인가?

20____ . _____

20____ . _____

20____ . _____

20____ . _____

20____ . _____

11 DECEMBER

신앙은 _____ 다.

20 ___ . ___

20 ___ . ___

20 ___ . ___

20 ___ . ___

20 ___ . ___

DECEMBER

12월의 기도 제목은?

20___ · _____

20___ · _____

20___ · _____

20___ · _____

20___ · _____

13 DECEMBER

가장 최근에 받은 기도 응답은?

20____ . _____

20____ . _____

20____ . _____

20____ . _____

20____ . _____

DECEMBER 14

언젠가 가보고 싶은 해외 성지는?

20 _ . _

20 _ . _

20 _ . _

20 _ . _

20 _ . _

15 DECEMBER

지금 나의 가장 큰 걱정거리는?

20___ . _____

20___ . _____

20___ . _____

20___ . _____

20___ . _____

DECEMBER

나의 생애 말년,
마지막 가족 여행을 계획한다면?

20____ · _____

20____ · _____

20____ · _____

20____ · _____

20____ · _____

17

DECEMBER

영적 전쟁을 느낀 적이 있는가?

20____ .

20____ .

20____ .

20____ .

20____ .

DECEMBER 18

가난과 고독 중
더 견디기 힘든 것은 무엇인가?

20____ ·

20____ ·

20____ ·

20____ ·

20____ ·

19

DECEMBER

그리 아니하실지라도
감사했던 경험이 있는가?

20 ___ . _____

20 ___ . _____

20 ___ . _____

20 ___ . _____

20 ___ . _____

DECEMBER

마음을 다해 금식해본 적 있는가?

20 __ .

20 __ .

20 __ .

20 __ .

20 __ .

21 DECEMBER

십계명 중 가장 마음에 걸리는 계명은?

20____ · _____

20____ · _____

20____ · _____

20____ · _____

20____ · _____

DECEMBER

오늘 내가 제일 많이 한 생각은?

20____ · _____

20____ · _____

20____ · _____

20____ · _____

20____ · _____

DECEMBER

'하나님 앞에서' 살고 있는가?

20__ .

20__ .

20__ .

20__ .

20__ .

DECEMBER

오늘 므엇을 했는가?

20 ___ . _____

20 ___ . _____

20 ___ . _____

20 ___ . _____

20 ___ . _____

# DECEMBER

예수 그리스도께
생신 선물을 드린다면?

20 _____ . _____

20 _____ . _____

20 _____ . _____

20 _____ . _____

20 _____ . _____

DECEMBER 26

최근에 나를 설레게 하는 일은?

20 ___ . _____

20 ___ . _____

20 ___ . _____

20 ___ . _____

20 ___ . _____

DECEMBER

십자가에 못 박고 싶은
나의 죄와 욕심 세 가지를 적어보자.

20____ . _____

20____ . _____

20____ . _____

20____ . _____

20____ . _____

DECEMBER

세상이 무섭다고 느껴질 때는?

20___ · _____

20___ · _____

20___ · _____

20___ · _____

20___ · _____

DECEMBER

올해 가장 아쉬웠던 것은?

20___ . _____

20___ . _____

20___ . _____

20___ . _____

20___ . _____

DECEMBER 30

'죽으면 죽으리라' 하는 마음으로
추구하는 가치가 있다면?

20 ___ · _____

20 ___ · _____

20 ___ · _____

20 ___ · _____

20 ___ · _____

31 DECEMBER

내년에 꼭 이루고 싶은 계획은?

20 .

20 .

20 .

20 .

20 .

FIVE QUESTIONS

한 해를 돌아보는 다섯 가지 질문

1. 작년보다 올해 그리스도를 더 많이 사랑했는가?

2. 나의 가족과 그리스도의 몸 된 지체들을 이전보다 지금 더욱 사랑하는가?

3. 궁극적으로 내 인생의 목표는 하나님께 영광을 돌리는 것인가?

4. 한 해 동안 성경을 얼마나 읽었는가?

5. 한 해 동안 신앙적으로, 인격적으로, 지성적으로 얼마나 성장했다고 생각하는가?

마치며

하나님을 사랑하는 사람들에게는 나쁜 일이 일어날 수 없습니다(롬 8:28). 사랑은 모든 것을 선하게 해석하는 영혼의 힘입니다(고전 13:5). 나빠 보이는 일이 일어날지라도, 거기서 내 인생을 향한 하나님의 더 큰 계획이 있음을 깨닫게 된다면, 우리는 믿음으로 소망을 품고 살아갈 수 있습니다.

어차피 우리의 인생살이는 우리가 마음먹은 대로 되지 않습니다. 그때마다 마음대로 안 되었다고 슬퍼하고, 뜻대로 되었다고 기뻐하는 데 급급하다면, 그것이 어찌 의미를 좇는 인생일 수 있겠습니까.

우리가 누구입니까? "우리는 그가 만드신 바라 그리스도 안에서 선한 일을 위하여 지으심을 받은 자"(엡 2:10)입니다. 그러므로 하나님을 떠나서는 우리 인생의 의미를 물을 수 없습니다.

 행복해지는 것과 잘 사는 것은 나뉘지 않습니다. 잘 사는 것과 좋은 사람이 되는 것은 하나입니다. 이를 위해 우리의 신앙과 인격이 성숙되어야 합니다.

 우리가 한 해 동안 매일같이 이 책의 빈칸을 메워온 것도 바로 이 때문입니다.

 이 책과 함께 한 해를 달려왔다면 이제 지나간 한 해를 돌아보십시오. 그리고 앞 장의 다섯 가지 질문에 여러분의 진실된 마음을 적어보시기 바랍니다.

> "내가 이미 얻었다 함도 아니요
> 온전히 이루었다 함도 아니라
> 오직 내가 그리스도 예수께 잡힌 바 된
> 그것을 잡으려고 달려가노라"
>
> 빌립보서 3장 12절

지은이 김남준

현 안양대학교의 전신인 대한신학교 신학과를 야학으로 마치고, 총신대학교에서 목회학 석사와 신학 석사 학위를 받았으며, 신학 박사 과정에서 공부했다. 안양대학교와 현 백석대학교에서 전임 강사와 조교수를 지냈다.

1993년 열린교회(www.yullin.org)를 개척하여 담임하고 있으며, 현재 총신 대학교 신학과 조교수로도 재직하고 있다. 저자는 영국 퓨리턴들의 설교와 목회 사역의 모본을 따르고자 노력해왔으며, 아우구스티누스를 비롯한 보편교회의 신학과 칼빈, 오웬, 조나단 에드위즈와 17세기 개신교 정통주의 신학에 천착하면서 조국 교회에 신학적 깊이가 있는 개혁교회 목회가 뿌리내리기를 갈망하며 섬기고 있다.

주요 저서로는 1997년 기독교 출판문화상을 수상한 ≪예배의 감격에 빠져라≫와 2003년 기독교 출판문화상을 수상한 ≪거룩한 삶의 실천을 위한 마음지킴≫, 2005년 기독교 출판문화상을 수상한 ≪죄와 은혜의 지배≫, 2015년 기독교 출판문화상을 수상한 ≪가족-가슴 시리도록 그립다≫를 비롯하여 ≪구원과 하나님의 계획≫ ≪게으름≫ ≪깊이 읽는 주기도문≫ ≪서른통≫ ≪바람 스 없는 날의 믿음≫ ≪부흥격자 리바이벌≫ ≪인간과 잘 사는 것≫ ≪영원 안에서 나를 찾다≫ ≪교회와 그리스도의 남은 고난≫ ≪성수주일≫ ≪신학공부≫ ≪나는 이렇게 해왔다≫ 등 다수가 있다.

Q&A a Day for Christian : 나를 위한 주님의 5년 계획

1판 1쇄 발행 2016년 10월 10일

지은이 김남준
발행인 오영진 김진갑 **발행처** (주)심야책방

출판등록 2013년 1월 25일 제2013-000028호
주소 서울시 마포구 월드컵북로5가길 12 서교빌딩 2층
전화 02-332-3310 **팩스** 02-332-7741
홈페이지 www.tornadobook.co.kr
페이스북 www.facebook.com/tornadobook
Q&A a Day 인스타그램 www.instagram.com/qnaaday

ISBN 979-11-5873-075-8 13230

이 책은 저작권법에 따라 보호를 받는 저작물이므로 무단전재와 복제를 금하며,
이 책 내용의 전부 또는 일부를 사용하려면 반드시 저작권자와 (주)심야책방의 서면 동의를 받아야 합니다.

잘못되거나 파손된 책은 구입하신 서점에서 교환해드립니다.
책값은 뒤표지에 있습니다.